이제야 보인다

이제야 보인다

전애희 시집

서(序)

밧줄에 매달려 내 창을 닦아주는 사람
앞산이 잘 보이도록 능숙하게 손놀림하는 그는
내 마음의 창도 닦아주었습니다.
그대를 위해
진심을 담았으니 소중히 받아 주시길 바랍니다.
상큼한 바람에 세수하듯
정신이 맑아졌으면 좋겠습니다.

서(序)

제1부 너희 사이에 바람이 춤추게 하라

희망 __ 10
목련 __ 11
메멘토 모리(memento mori) __ 12
평상심(平常心)이 필요해요 __ 14
도반(道伴)이었나 __ 16
자존감 __ 17
사랑과 우정 사이 __ 18
이제야 보인다 __ 20
파묘 __ 22
우면산 __ 24
상호존중(Interare) __ 26
긁고 간 자리 __ 28
구원 __ 29
아리고 쓰린 그림자 __ 30
황금별 __ 32
그가 오는 느낌 __ 34
사랑받으면 꽃이 된다 __ 36
분노의 딜레마(Dilemma) __ 38
질서는 생명이다 __ 39
소소한 행복 __ 40
밑거름 __ 41
바보야! 문제는 자존심이야 __ 42
언니의 꿈 __ 44

제2부 계단은 발자국을 기억하고 있다

윤슬 __ 48
눈덩이가 되어 __ 49
지구는 울고 있다 __ 50
씻김받는 날 __ 51
생각하는 산책길 __ 52
안타깝고 안타깝다 __ 54
지는 해는 서글프다 __ 58
사랑의 의미 __ 60
단풍들자 이별 __ 61
공감능력 __ 62
인격 급수 __ 64
전나무의 교훈 __ 65
불원불근 __ 66
청춘은 가고 __ 68
마음에는 원이로되 __ 69
마음 읽기 __ 70
어쩔 수 없어요 __ 71
사랑의 굴레 __ 72
꽃과 나 __ 74
월세 내는 날 __ 76
2월 __ 77
노부부 __ 78
디지털시대 __ 80
고백 __ 82

제3부 녹아내릴 듯 오묘한 그 맛

마시멜로 __ 86
깨어 있으라 __ 87
한 조각의 꿈 __ 88
나를 보는 듯 __ 90
열정 __ 91
말의 묘미 __ 92
사랑은 곧 관심과 배려 __ 94
초점이 맞아야 __ 95
머릿속은 복잡하다 __ 96
깊은 우물 __ 97
똑똑하면 뭘해 __ 98
진실은 어디에 __ 100
망초꽃 __ 101
나를 찾아서 __ 102
자매가 좋아요 __ 103
이명 __ 104
4월 __ 106
둥근 해가 피를 토하다 __ 108
절대로라는 말은 없다 __ 109
말 없는 싸움 __ 110
동그라미와 네모 __ 112
내 마음은 안개 __ 114
좋은 시절 __ 116
모락모락 피어나다 __ 118

제4부 꿈꾸며 사랑하며

콩나물 __ 120
시와 함께 사는 인생 __ 121
손해 본다는 느낌으로 __ 122
인저리 타임(Injury Time) __ 124
어느 강연회에서 __ 126
애증 __ 128
발신 정보 없음 __ 129
이 좋은 날에 __ 130
마음과 시대의 변화 __ 131
세대차이 __ 132
내 몫을 다하기 위해 __ 134
베풀고 싶지만 __ 135
그립다는 건 __ 136
제일 무서운 건 __ 138
뒤로 걸어가기 __ 140
옛말이 된 이웃사촌 __ 142
불안의 시대 __ 144
삶과 죽음 __ 146
타산지석 __ 147
고도(Godot)를 기다리며 __ 148
낙엽을 밟으며 __ 149
선풍기 __ 150

전애희 시인의 작품 세계 __ 153

제1부 너희 사이에 바람이 춤추게 하라

오늘 하루의 가치는 얼마인가

희망

하늘이 통째로 흘러간다
시커먼 구름 덩어리 안고
성난 바람에 밀려
폭포수 몰고 온다

하늘이 한바탕 울고 난 후
마알간 가을 하늘이 예쁘다
푸른 물감 뿌려 놓은 듯
하얀 솜뭉치 두둥실

검은 세월 이겨내면
유토피아 찾아 오려나
가을 햇살에 곡식 익어가는 소리
내 글에서도 반짝이는 소리
들리길…

목련

목련이 필 때는
고귀하고 숭고하지만
땅에 떨어지면
목련이라 부르지 마세요
사랑에 실패한
패자의 시체라 부르세요

철퍼덕 퍼질러 앉아있는 모습에
연민을 느끼네요

설레이던 사랑이
고개를 떨구고
나락으로 떨어지면
그냥 밟고 지나가지요
패자에게는 박수가 없어요

무심코 딛는 발자국에 처연함이 묻어나네요

메멘토 모리(memento mori)

한숨 자고 깨니
방안이 새까맣다
여기가 무덤 속 아닌가

죽은 자세로 나의 의식은 멀쩡하다
온몸으로 느낀다, 죽음에 대해
때늦은 후회를 한다
완벽하게 살려고 발버둥쳤던 걸

내가 원하는 걸 이루었는가
원한다고 다 내 것일 수 없지만
막혔던 길을 뚫은 적은 있다
내 생의 최고의 업적이다
많은 사람들이 그 길에서 환호했지만
정작 나는 탈진하여 쓰러졌다

몸이 부서지니
강철 같았던 정신력도 늘어진 고무줄이 되었다
소생할 기미가 없는 난

언제 죽어도 좋을 듯, 준비했었다

기억하라, 죽음을
살아간다는 것은 죽어간다는 뜻
죽음을 가슴에 새기는 것은
남은 생을 제대로 살기 위함이다

평상심(平常心)이 필요해요

심장이 광물질이었으면 좋겠어요
옆에서 언성만 높아져도
내 심장은 야들야들 떨려요

누군가 호의를 베풀면
고무풍선처럼 부풀어 올라요
압력솥에서 솟구치는 수증기 같아요

말 한마디에 솔깃했어요
번개 같은 불꽃이 일었어요
심장이 요동치고 있어요

자꾸만 안으로 스며들어요
고이고 고여서 산 만큼 커졌어요
야릇한 비밀 하나를 심었어요

뇌와 심장 사이에서 오락가락하다가
심장을 얼음물에 씻었어요

'노인에게
열일곱의 심장을 주면 어떡하나요'

도반(道伴)이었나

시를 읽고 있는데
먼지만 한 벌레가
글자를 밟고 지나간다

순식간에 손바닥으로 내리쳤다

벌레는 흔적조차 없이 사라졌다

그렇게 큰 힘을 가하지 않아도 되련만
너무 가혹했나 싶다

그도 시를 좋아하는 족속이었나?

자존감

외롭다는 말은 절대로 하지 않아요
그런 말을 하는 순간
무릎이 꺾이고
이마가 땅에 떨어져요

존재하고 싶어요
보란 듯이
외로움 따위는 모르쇠 하지요

허한 사람에게 파고드는
찬바람 같은 거 아닌가요

솜뭉치로 속을 꽉 채우고
기미가 스며들지 못하게 해야 돼요

의지할 데 없는 자는 스스로를 키우지요

사랑과 우정 사이

끈이 끊어졌어요
가늘지만 부드러운
오래 묵은 인연의 끈

어려서부터 지금까지
보이지 않는 무엇인가가
우릴 잇고 있었어요

언제나 저만치 있어서
죽을 때까지
그렇게 있을 줄 알았어요

이 세상에서 제일 좋은 사이는
애인 같은 친구라고
누누이 말해 왔건만

성에 차지 않았나 보다
내 속으로 깊숙이 들어오려 하기에
이건 아니지!

단호하게 말했더니
서운했나 보다

아주 오래된 묵은지처럼
참 좋은 사이였는데…
그 간극을 이기지 못하고
아무것도 아닌 남이 되었어요

이렇게 오래 가꾼 나무도
가려고 맘 먹으면
한순간에 뚝 부러지기도 하네요

이제야 보인다

잘난 년 휘어먹기가 힘들다
    -엄마의 푸념

그렇다
엄마와의 다툼에서 진 적이 없다
기어코 내 뜻대로 해내고 만다
엄마는 몰라도 한참 모른다고
내가 언제나 옳다고 여겼다

순한 엄마를 억세게 밀어부친 내가
이제야 보인다
가끔 앙칼지게 쏘아부치는
딸에게서 날 발견한다

인간은 스스로 깨닫기가 어렵다
우리 엄마는 얼마나 서러웠을까
내 설움의 양 만큼
엄마를 그리워한다

이제야 깨닫는다

파묘

살아생전 오손도손 정다우시더니
가실 때도 함께 가시고
하나의 봉분에 두 분이 함께 계셔서
참 보기 좋았어요

'사이좋게 살아라'
하시는 말씀 같았어요

부모님께 못다 한 효도
산소 앞에서 용서를 구했어요
종종 투정 부리러 오기도 했어요
이젠 어디 가서 하소연해야 하나요

좀처럼 풀리지 않던 사건
해결의 실마리를 찾아주던
부모님의 산소
이젠 어디 가서 절해야 하나요

아버지 어머니!

오늘이 마지막 절이에요
절하느라 엎드린 채 엉엉 울었어요

우면산

널 보면
기분이 좋아진다
초록 물결 넘실대는
열정의 향연
동에서 서쪽까지 길게 펼쳐져
청춘을 뽐내는 병풍이다

마음이 울적할 때
널 보고 있으면
뭉쳤던 응어리가
스르르 풀어진다

왕성한 8월의 녹음잔치
미처 몰랐다
네가 주는 선물
이렇게 클 줄이야

대가 없이 바라만 봐도
생기를 불어 넣어주는

뷰(view)가 좋은 앞산을 품고 산다는 건
내 인생에서 큰 행운이다

상호존중(Interare)

그를 만나러 가는 동안
발걸음이 경중경중
구름 위를 걷고 있어요

설레임은 어설픔을 낳지요
즐거움도 함께 오지요

커피를 마시며 두서없는 언어들이
콩 튀듯 팥 튀듯 널 뛰었지만
그때 갑자기 어떤 걸 알아챘어요

내 맘 같지 않다는 걸

'내가 좋아하는 사람이 날 좋아해 주는 건 기적이야'

마음이 합장하려면
온도가 맞아야 하지요
결을 맞추려고 온도를 낮췄어요

저울추가 같아지니
안정감이 생겨 편안해졌어요
너무 가깝지도 멀지도 않은
서로 존경하는 관계가 되었어요

'너희 사이에 바람이 춤추게 하라'

긁고 간 자리

마차를 끌고
자갈길을 지나왔어요
일 잘한다는 칭찬에
청춘을 팔았어요
시간을 쪼개 쓰며
열심히 공부했어요
그런데 된 건 없어요
물질도 모으지 못 했어요
그러나 마음은 풍성해졌어요

구원

얼마만인가
내가 헛된 꿈을 꾸고 있느랴
방치된 채, 저 혼자 일어서려는
갸륵하고도 굳센 의지
웅크린 몸에서 뾰족뾰족
입술을 내민다

제 살을 녹여서
새 생명 창조하는
숭고한 순교정신
심오한 궁리 끝에
영혼까지 담아
완전체의 근원이 탄생한다

네가 눈 뜨고 일어나
잠자는 날 일깨워준다

아리고 쓰린 그림자

직장에서 일과를 끝내고
버스 터미널에 오면
집으로 가는 막차가 떠났다

발을 동동 구르다가 어쩔 수 없이
택시를 타고 가려면
두 곱을 줘야 한다 시골이라

그 돈이 아까워서
산길을 걸어서 간다

어둠이 내려 길이 잘 보이지 않는다
뒤에서 누가 따라오는 것만 같다
주먹을 꼭 쥐고, 이를 악물고, 앞만 보고
한 시간 정도를 도망치듯 뛰어서 집으로 오면
온 몸이 장작개비처럼 굳어 있다

큰길까지 나와 기다리던
엄마는 '아이구! 이 불쌍한 거' 하면서

와락 안아 주신다

마루턱에 숨을 부려놓자마자 나를 펼쳐놓고
팔, 다리를 주물러 주면서
속울음을 삼키신다

아주 오래전 일인데
오늘도 나는
그 어려웠던 시절을 버리지 못하고
꿈속에서 진땀을 흘리며 되뇌인다

황금별

우면산에 별이 떴어요

세상은 고요히 잠들어 있어요
깨어있는 자만 볼 수 있어요
참으로 황홀한 광경이에요

왕성하던 푸르름이 단풍 들어
하나 둘 잎을 떨구더니
앙상한 가지 사이에서 별들이 속삭이고 있어요

이사 오면서 다 나눠주고 왔더니
이렇게 빛나는 선물을 받네요

등산로에 가로등이 있어요
대성사에 자비의 불빛들
공군부대에 나라의 등불들
광부처럼 랜턴을 이마에 매달고
등산하는 불빛들도 반짝이고 있어요

이 멋진 광경을 그대에게 보여드리고 싶어요

별 없는 하늘을 대신해서
따뜻한 마음을 선사하고 있어요
참으로 행복한 순간이에요

모든 값진 것은 고요 속에서 빛나고 있어요

그가 오는 느낌

봄이 온다는 것은
그가 내게 올 것만 같은 느낌이 들어요

겨우내 움추렸다가
종소리도 없었는데
봄기운이 천지를 흔들었어요

땅이 풀렸어요
기온은 쌀쌀하지만
땅은 스스로 온기를 머금고 일어서고 있어요

몸 단장을 마친 그곳에
수선화 알뿌리를 심었어요
기도하는 마음으로
꽃을 기대하고 있어요

땅이 풀렸으니
꽁, 했던 심기도 풀어야겠어요
가슴으로 그를 부르며 용서를 빌고 있어요

자연은 나의 스승이에요

사랑받으면 꽃이 된다

친구 집에 초대받아서 가게 되었다
꽃을 한 아름 들고 갔다
친구 셋이서 호기심도 안고 갔다

현관에 들어서자 친구가 반갑게 맞이했다
남편은 앞치마를 두른 채 부엌에서 나왔다
맛있는 냄새가 식욕을 자극했다

꽃다발을 남편에게 건네주었더니
우리 집에 꽃이 많은데
뭘 사오셨냐고 인사치레를 했다

꽃이 어디 있어요?
남편은 아내의 턱밑에
두 손으로 꽃받침을 만들어 보이며
천연덕스럽게 액션을 취했다
우리 모두는 한바탕 웃었다

부엌에서도 남편이 주방장

아내는 보조만 하면 된단다
아내를 싱크대에서 탈출시켜야 한다는 지론이다.

친구의 얼굴은 꽃이 될 만큼 예쁘지도 않지만
남편의 눈에는 아름다운 꽃으로 보인다는
사랑스런 마음이 존경스러웠다

우리는 돌아오면서
친구의 타고난 남편복을 부러워하며
약간의 시기와 질투가 섞인
미묘한 표정들을 번갈아 보았다.

분노의 딜레마(Dilemma)

괜히 짜증이 날 때가 있다
산더미 같은 설거지를 하면서
흐르는 수돗물 속으로 눈물이 뚝뚝 떨어진다
안으로 파고들었던 화를 참느라
갈고 닦았던 다이아몬드 눈물방울

억울하고, 서러워도 사랑이라는 이름으로
'참아야 하느니라'
최면을 걸면서
지혜롭게 살려고 애써 왔는데
가끔은 알 수 없는 눈물이 봇물 터지듯
평정심을 잃고 헤맬 때가 있다

진심을 몰라줄 때, 하늘도 운다

질서는 생명이다

엘리베이터를 탔는데
삐-, 하는 경고음과 함께
'맨 나중에 타신 분은 내려주시기 바랍니다'
정원 초과였다
사람들은 나중에 탄 사람을 쳐다보고 있었다
그러나 내리지 않았다
안으로 비집고 들어오는 바람에
내가 문 쪽으로 밀렸다

순간, 시선들이 나에게 쏠렸다
맨 나중에 탄 사람에게 한마디 하고 싶었지만
아무 말도 하지 않고, 내가 내렸다

젊었을 때는 정의에 불타서
바른말로 따박따박 대들었다
이제는 그런저런 말을 하고 싶지가 않다
이것이, 나이 들어서 달라진 점이다

소소한 행복

내가 읽고 싶은 책이 있었는데
마침 그 책을 선물 받았을 때
한없이 기쁘다
책 표지 그림을 쓰다듬으며
소중한 보물인 듯 입맞춤한다

내가 좋아하는 작가의 책은
무조건 산다는 걸 알아차렸다가
신간이 나오자마자 나를 떠올렸다는
그 친구의 마음 씀이 너무 고맙다

글을 쓰는 친구도 아니다
읽는 걸 좋아해서
높은 식견을 갖고 있다

좋은 글 보면서 즐거워하고
이런 글을 읽게 해 준
작가에게 고마워하는 친구이다

밑거름

아버지는
어딜 가든 날 데리고 가려고 하셨다

오일장에 송아지 팔러 갈 때도
날 데리고 가셨다
십리 길을 걸어서 간다
어린애가 힘든 줄도 몰랐다

참외밭에 갈 때도
아버지 지겟다리 잡고 따라 다녔다
우린 오며 가며 나누는 대화가
더없이 즐거웠다

뭐든지 가르쳐주려고
이야기를 재미있게 하시고
나는 귀를 쫑긋하고 잘 알아듣는다

나의 반듯한 기본은 그때 이뤄졌다

바보야! 문제는 자존심이야

일 년 동안 소식이 없다는 건
마음의 문이 닫혔다는 뜻인가

눈앞에 아른거려서
정리할 결심을 했는데
자꾸 떠오르는 건 어쩐 일인가

느닷없이 훅 들어와
감미로운 목소리로 속삭여주더니
어느 날부터
잔잔한 호수처럼 고요해졌다

다시 돌아가려면 용기가 필요하지만
넉살 좋은 편이 아니라서
홀로 속을 태우며 기다릴 뿐이다

다 부질없는 소리였던가

구름아!

말해다오
우린 어쩌다 이런 사이가 되었는지

언니의 꿈

밥을 맛있게 먹다가
뒤를 돌아보니
언니가 씽긋 웃고 있다
영원히 변하지 않을 표정으로

엄마 같은 언니를 잃었는데
이렇게 밥이 맛있어도 되는 건가

음식해서 친척들 불러모아
맛있게 먹는 모습 보는 게 낙이라던
언니의 마지막 손맛인가 보다

문상가서 한 번도 맛있게 먹어본 적이 없는데
오늘은 왜 맛있는 거야
이런 내가 야속하기도 하고 송구스럽기도 하다

언니의 일생이 스쳐 지나간다
하늘에서 돈벼락이라도 떨어졌으면 좋겠다던
언니는, 평생 고생만 하다가 떠나갔다

허둥지둥 사느라
꽃 필 날이 없었다
그저 필동말동하더니
뇌출혈로 쓰러져
누워서 팔 년을 버티다가
결국 자유의 나라로 떠났다

제2부 계단은 발자국을 기억하고 있다

난 그에게 얼마나 도움이 되었나

윤슬

너는 누구냐
어느 나라에서 온 요정이냐

비탄에 빠진 눈에서 솟아나는
눈물 스친 빛깔

다이아몬드보다 반짝이고
눈물방울인 듯 영롱하고
감히 무어라 형언할 수 없는
찬란한 햇빛의 한 조각

그 반짝이는 의미를
마음속에 새기련다
인생은 한 번밖에 없으니
반짝여야 하지 않겠나

빛나거라
그냥 그대로 영원히

눈덩이가 되어

내 유년의 뜰에는
눈이 많이 내렸다
눈을 좋아하는 날
원 없이 보라고
눈밭에 데려다 주었다

여름에 젖소들이 풀을 뜯던 언덕배기
여기에 눈이 덮여
사방이 온통 새하얗다

산꼭대기에서부터
눈덩이가 되어 떼굴떼굴 굴러내리며
깔깔대던 그 시절이 그립다

눈이 오면
그곳에 가 보고 싶다
지금도 목장이 살아 있었으면 좋겠다

지구는 울고 있다

남 줄 거는 빨리빨리 주는 편이다
내일 죽을지도 모르니까
남도 그러하냐 하면
그렇지 않은 사람이 많다

'그걸 여지껏 안 받았어?'
속을 태우고 태우다 재촉을 하면
'그까짓 거 안 줄까봐 그러냐'
되레 적반하장이다

그 누구나 내 맘 같을 순 없지만
너무나 뻔뻔한 사람이 많다
뒤틀린 세상이라서
사람들은 제멋대로 산다

정의와 상식이 무너지면
지구는 종이짝처럼 꾸겨질 것이다

씻김받는 날

어느 날 여자 셋이서 산에 갔다
갑자기 비가 내려 흠뻑 맞았다
우린 우스꽝스러운 서로의 모습을 보며
깔깔대고 웃었다

우리 사이 좋은 사이라서
뭘 해도 즐거운 거야
배가 아프도록 웃으며
행복한 마음인 거야

예전에, 속옷까지 다 젖도록
비를 맞으며 걸어오면서
카타르시스를 느껴본 적 있다
내 지은 죄를 씻겨주는 듯했다
차분하게 가라앉아 평온했었다

죄를 사해 달라고 기도했을 때보다
더 많이 깨끗해졌었다

생각하는 산책길

산책을 하자고 나선 길
산에 오르기 시작한 3대
손자 손녀들이 맨 앞에
중간쯤에 자식들
우리는 맨 꼴찌
한 계단씩 오르기도 힘겨운데
애들은 두 계단씩 뛰어오른다

나도 예전에는 저랬는데
앞서가는 걸 좋아했던 난
언제나 맨 앞에 갔었지

내려오는 길
계단이 무서워
빙~ 돌아서 오는 흙길
늦더라도 천천히
그리고 조심스럽게 아껴가면서
한 발씩 확인하면서
끝점을 향해 가고 있는데

그 끝이라는 게
얼마 남지 않았다는 예감이 들었다
며칠 전에 언니가 가고나서부터
부쩍 내 차례라는 것을 실감하게 되었다

평소에 입버릇처럼 죽고 싶다고 한
그 말은
헛말이었음을 고백한다

안타깝고 안타깝다

가을 바람이 스산하다
멀리 잊었던 그 사람이 스쳐지나간다

식당에서 밥을 먹으려고 하는데
옆자리에 앉은 사람과 나는
동시에 성호를 긋고 있었다

초면인 그와 나는
서로 미소 띤 눈인사를 하고
조용히 밥을 먹었다

산책길에 나선 나는, 어느새
자연스럽게 나란히 걷고 있었다
우린 별다른 얘기는 하지 않았다
같은 신앙인이라는 것만으로도
서로 동지애를 느끼는 듯했다

개신교회 연수원에 와서
떳떳하게 성호를 긋는다는 것은

자아가 단단한 사람이라는 느낌이 들었다

내 수필집을 건네 주었다
사과들이 주렁주렁 달린
가을 경치가 더없이 좋았다

그 후, 얼마 후에
자기 집으로 초대했다
내 글을 읽고 감동했다는 것이다

신부님도 모신 성대한 자리였다
집안 가득 화기애애한 분위기였다
얼마나 음식을 정성껏 마련했는지
또 한 번 감탄했다

그분이 날 소개하면서
한 말씀 하시라기에,
병든 시아버지 모시느라 힘들다는 얘기가
툭 튀어나왔다. 나도 모르게 풍딴지같은

소리를 하고 말았다. 이구동성으로 날 위로하는
말이 쏟아져나왔다. 참으로 좋은 사람 옆에는
좋은 사람들이 모여있게 마련이구나
존경스러웠다

몇 년이 지난 후
그의 지인으로부터
그가 천국에 가셨다는 소식을 들었다
왜? 하는 외마디 소리가 나왔다
나는 온몸에 힘이 쭉 빠지면서
하마터면 주저앉을 뻔했다

아깝다는 생각이 들었다
나보다 젊은, 살만한 나이에
그렇게 빨리 떠날 줄 몰랐다
받은 것은 많은데, 준 것은 하나도 없다

이를 어찌 갚으랴

성지순례 가는데
함께 하자고 했는데
거절한 것이 마음에 걸렸다

가을 바람이 유난히 차갑다
괜시리 울적해지고, 어깨가 무겁다

지는 해는 서글프다

노인들은 중심에서 밀려나
이 세상 돌아가는 꼬락서니를 보고도
아무 말 못 하는 벙어리가 되었다

젊은이들에게 무거운 짐이 된다고
오래 살아있는 게 죄스럽고
언제쯤 가려나 헤아려 보고
아무 낙이 없이 세월을 보내야 하는
초고령사회

급변하는 디지털시대
따라가기에 숨이 차다
젊은이들은 저들만의 언어로
노인들을 소외시키고 있다

모르는 건 기계 속에 다 있다
굳이 어른에게 물어볼 필요가 없으니
어른도 필요 없는 사회
그러니 존경할 필요도 없다

빨리 가고 싶다고 말은 하지만
정작 떠나려니
캄캄한 세상으로 가는 게 무섭다
오늘도 지는 해를 바라보며
외로움에 몸부림친다

사랑의 의미

밥을 먹을 적마다
아버지 생각이 난다
딸 셋이서 맛있는 반찬을 골라 먹는다

아버지는 우리가 안 먹는 반찬을 잡수신다
어머니는 먹다 남은 반찬을 잡수신다

행여나 생선가시를 먹게 될까 봐
세심하게 골라주시던 아버지

손주들에게 생선가시 발라주면서
먼 옛날의 아버지가 되어본다

복숭아 살점은 손주들에게 주고
씨에 붙은 것만 뜯어 먹는다

죽을 때가 되어서야
부모의 참뜻을 깨닫게 된다

단풍들자 이별

오는가 싶더니 벌써 떠나려 하는구나
반짝이는 햇살 툇마루에 앉자마자
쓰다듬어볼 사이도 없이
그늘만 남기고 떠날 채비를 하는구나

언제나 푸를 줄 알았는데
울긋불긋 단풍드는 듯하다가
가을비 흠뻑 내리더니
이별 편지를 쓰고 있구나

찐득한 여름이 싫어서
널 기다렸는데
제대로 껴안아 보지도 못하고
아쉽게 뒷모습이 보이는구나

무더운 여름은 길었는데
가을은 오는 듯하다가 사라지니
찬바람이 야속하구나

공감능력

말귀를 못 알아듣는 사람과
평생을 같이 살려면
대단한 인내가 필요하다

상대편의 말의 요점이 무언지
무슨 뜻으로 저렇게 말하는지
전혀 이해가 안 되나 보다

동문서답도 하루이틀이지
말하는 사람의 속뜻을 알아차리고
위로의 한 마디 해 주면 그것으로 족할 텐데
기대했던 사람이 무안할 지경이다

이성적인 사람과 감성적인 사람도
함께 살다보면
서로 버무려져서 비슷한 색깔이 된다

성향의 문제라기보다
관심의 문제이다

사랑은 곧 관심과 배려의 마음이다

전류가 잘 통하는 사람과 산다는 건 행운이다

인격 급수

사람마다 체급이 있듯이
인격에도 급이 있다
됨됨이가 존경할 만한지
사악한 기질인지
층층 계단으로 나눌 수 있다

많은 사람을 겪어 보니
사람들의 속이 들여다보인다

이를 어쩌랴!
흠집 있는 사과 골라내듯이
이런 사람, 저런 사람
제쳐놓다 보니
남는 사과가 별로 없다

사람은 온전하기가 힘들다

전나무의 교훈

곧게 뻗은 전나무
무슨 소원 있기에
하늘 향해 달려가는 걸까

욕심이 하늘 끝까지 뻗친 적 있었다
남에게 지고는 못 사는 그런 시절 있었다
돈 몇 푼 때문에 죽기살기 싸운 적 있었다

다 부질없음을 깨달은 지
얼마 안 되었다
이제는 속 편히 사는 게
지상낙원이라는 걸 터득했다

전나무는 가지가 너무 무성하면
뿌리가 감당하기 힘들까 봐
적당히 가늘게 자란다
제 분수에 맞게 필요한 만큼 땅을 차지한다

불원불근

내 속을 다 보여주는 듯해도
안 할 말은 절대 안 한다
아무리 친해도 적당한 간격을 두고
체에 걸러서 말한다

내 속에 탤런트 기질이 있는 게 아닐까
싫어도 좋은 척, 비굴하게 아부한 적 있다
우리의 평화를 위해 필요한 거라고
체면을 걸면서, 본심을 살핀다

이제는 부귀영화를 준다 해도
아닌 건 아니다
나 자신을 기만하고 싶지 않다

젊은 날에는 열정이 넘쳐서
일이 좋아서 물불 안 가렸지만
지금은 내 정체성을 다지기에도 힘겹다

구부러지긴 해도 부러지진 않는

누구에게도 상처주지 않는
유연한 자세로 살아야겠다

청춘은 가고

계단은 발자국을 기억하고 있다

젊었을 때는 몸이 가벼워
날듯 뛰듯 오르내렸는데
지금은 한 계단씩 확인하면서
몸을 들어올린다

앞질러 가는 젊은이가 부럽다
돈 주고도 못 사는 이 젊음
몸이 맘 먹은 대로 움직여지지 않는
이런 때가 올 줄 몰랐다

계단은 나의 과거를 알고 있다

턱에 걸려 넘어지고 나서부터
내가 청춘이 아니라는 걸 깨달았다
이렇게 피를 흘려보지 않고서는
자기 자신을 과신하는 버릇이 있다

마음에는 원이로되

예술의 전당 감나무 밑에서
불러주던 사람이 있었어요
단숨에 달려가곤 했어요

예술의 전당 근처에 살아요
산책 나오는 시간도 비슷해서
우리는 우연히 만나기도 했어요
약속 없이 만나면 더욱 반가웠어요
매일 봐도 좋은 사람이에요

긴 세월을 의기투합하며 신나게 지냈어요
내가 갚아야 할 빚이 많은 사람이에요

감나무는 아직도 왕성한데
우리는 둘 다
성치 않은 몸이 되었어요
마음만 오그라들 뿐이에요

마음 읽기

남의 눈치를 안 본다는 건
남을 배려하지 않는다는 뜻

남의 마음을 들여다 보고
딱한 사정을 들어주려고 애쓰는 편이라
상대가 서운해하면 괴로워진다

남의 감정을 살피다 보면
자신의 신체는 붕괴되기 십상이다
타인의 악의적인 마음까지
성의를 다할 필요는 없지만
언짢아하는 만큼
내 기분에 전이된다는 게 문제이다

자기의 보폭만큼 에너지를 쓰면
경계선이 무너질 염려는 없지만
주제넘게 남을 도와주다가
자기 신발 못 챙기는 꼴이 된다

어쩔 수 없어요

고향에 갔다가
마지막 기차를 타게 되었어요
긴 플랫폼에
점 하나로 서 있어요

친구를 보내고
나는 살아 남았는데
마치 패잔병이 된 느낌

적막을 깨고
공룡이 달려 오네요

타고 가야겠죠
나에겐 내일의 태양이 기다리고 있어요

사랑의 굴레

사랑이 돌아서면
원점이 아니라
마이너스다

뒤를 따라가며 울며불며
애원해도 소용없다
정상에 올라 쾌감을 느낀 자는
내려올 때 뒤돌아보지 않는다

세상에서 가장 아름답다는 사랑도
얼룩 한 조각으로 덮어버리면
아예 없었던 일이 되기도 한다

우리라는 말이 힘을 잃고 분해되어
너도 없고 나도 없는
백지 하늘을 원망한다

사랑하고 싸우고 화해하고
새롭게 태어나고 발전하고

이런 쳇바퀴 굴리는 기술이 필요하다

사랑도 구원이 못 될 때가 있다

꽃과 나

용문산 자락
고향 선배 별장에 와서
삼시 세끼 따뜻한 밥 해주며
너는 글이나 쓰라고

쓰라는 글은 안 쓰고
꽃들과 놀기만 한다

이름 모를 꽃 한 송이
나를 보고 방긋 웃어준다
나는 섬짓 놀라
물끄러미 바라만 본다

지나치게 친절하면
그 뒷면의 저의를 따져보듯이
웃는 것도 몸에 배어 있어야 한다

손녀딸이 별일도 아닌데
까르르 웃듯이

그런 마음이 되어 있어야 한다

너무 찌들어
봄이 되면 예 와서
꽃들에게서 배운다

월세 내는 날

탁상 달력에 숫자 하나
동그라미 진하게 묶여 있다

놓치면 큰일 날까 봐
유난히 반짝인다

그 동그라미가 한 달 내내
나를 조인다

남 줄 돈은 제때 줘야지
신용을 지키는 건
인격을 지키는 거야
품격을 잃으면 허수아비가 되지

통장 잔고를 살펴본다
모자라면
내 살점이라도 떼어줘야 한다

2월

2월은 어중간한 달
겨울도 아니고 봄도 아닌 것이
얼치기 인생인 날 닮은 듯하다

2월은 3일쯤 모자란 칠삭둥이
바람은 찬데 매섭지는 않다
이 또한 미적지근한 중간치기

2월은 짧은 만큼 바쁘다
3일치를 보태서 살아야 한다

2월은 짧지만 굵다
겨울을 보내랴 봄을 맞으랴
종갓집 며느리 같다.

노부부

무미건조한 하루가 지나간다
평생을 티격태격하면서 맞추다 보니
이제는 톱니바퀴가 잘 돌아가는
말하지 않아도 알아듣는 사이가 되었다

조용하다 못해 적막강산이다
뼛속 깊이 스며드는 서늘함이 있다

자기가 잘났다고 우겨대며 살았던 세월
다 부질없는 노릇이다

아픈 다리 주물러 주며
주름진 얼굴 쓰다듬어주며
움직임이 둔한 몸을 부추기며
서로 서로 반쯤 나눠주며
애잔한 표정으로 바라본다

어쩌다 아들한테서 전화가 오면
웬 횡재인가 싶어서

꼬부렸던 몸이 오뚝이처럼 일어선다

그냥 전화했다는 말이
왜 그렇게도 좋은지
'그냥'이라는 말 속에
사탕이 들어 있는 듯
입안에서 뱅글뱅글 돌아다닌다.

디지털시대

뒷뜰을 거닐면서
나를 되돌아본다
산책하는 사람들의 표정
온화해 보인다

두 살 정도의 남자애 하나에
호위병이 넷
할아버지, 할머니, 엄마, 아빠
애가 가는 대로 뒤쫓아가면서
어른들은 한없이 흐뭇해 한다
애가 뒤뚱뒤뚱하다가 넘어졌다
호위병 넷이서 동시에 달려간다

나도 저런 시절이 있었는데
손발이 닳도록 사랑했는데
이제는 다 커서 통제하기 힘들다
똑바로 일러주려고 하면
그건 구식이니
자기들 일에 상관하지 말라고

아예 제쳐 놓는다
더 이상, 존재 가치가 없어졌다

고백

나는 후회한다
너무 열심히 살아온 과거를
악착같이 이기려고 했고
더러는 짓밟기도 했다

열심히 살지 않고
빈둥대는 옆집 총각에게
핀잔을 준 적 있다

돈 빌려가고 갚지 않는 동료에게
월급을 차압한 적 있다
내 방식대로 살지 않는 걸
못마땅해 했다

저마다의 사정이 있고
나름대로의 아픔이 있겠지만
그저 맹목적으로 열심히 사느라
남의 속을 들여다볼 여유가 없었다

내 삶에 갇혀 앞만 보고 달렸다

제3부 녹아내릴 듯 오묘한 그 맛

하늘은 왜 저리도 촉촉한 거야

마시멜로

어디 마시멜로 같은 사랑 없을까

말랑말랑하면서도
쫀득쫀득하기도 한 그 맛

어린이집에 데리러 가면
할머니! 부르며 뛰어와 안기는
손녀딸의 음성

녹아내릴 듯 오묘한 그 맛

깨어 있으라

눈을 크게 뜨고 준비하고 있어야 해요
다들 눈을 뜨고 찍었는데
나만 눈을 감았어요

눈을 부릅뜨고 있을 때
나는 자고 있었어요

순간을 놓치면
장님이 되기도 해요

똑바로 직시하고 있어야 해요
언제 별똥별이 지나갈지 몰라요

한 조각의 꿈

강원도 산 골에 예쁜 카페가 있었지
집으로 오는 밤길에 찾아들어갔지
크리스마스 얼마 전이라
즐길 줄 아는 사람들은 모두 모여 있었지
새까만 밤에 이 집만 유난히 빛났지
정원의 나무들이 꼬마 전구를 달고 반짝이고 있었지
골짜기에 물이 졸졸 흐르는 소리가 났지
여름에는 물이 많이 내리면 시원하겠다 싶었지
내년 여름에 다시 오고 싶다고 마음에 담았지
참 많은 세월이 지나도록 다시 가지 못했지

젊었을 때,
결혼 대신 멋진 카페 하나 차리고 싶었지
피아노 치며, 글을 쓰며 꿈꾸듯 살고 싶었지
뜻이 맞는 사람들끼리 오손도손 얘기하고 싶었지
따끈한 차를 마시며 문학을 논하며
아늑하고 정다운 공간을 꾸미고 싶었지

간결했던 소망, 아주 까맣게 잊었다가

희담재라는 카페에 갔을 때
잠깐 되짚어 보고
살 만큼 다 살고, 이제 와서 외로워지니
재생 필름 되돌아가듯 되살아났다

나를 보는 듯

산에 나뭇잎들의 손이 오그라들었다
오글오글 서로 몸을 비비고
어찌할 바를 모르는 처량함

단풍들기 전에
겨울바람이 불어와
임무를 다하지 못하고
몸을 웅크린 채 매달려 있다

가야 할 고향은 아직 먼데
하늘은 서슬퍼런 낯빛으로
눈구름을 몰고 온다

열정

열정!
이는 얼마나 큰 힘인가

열정이 없어지고 나서야 깨달았다
아무것에도 흥미가 없어졌다
열정이 넘쳐 흐를 때는
누가 뭐라하든 개의치 않았다
신나게 일한다는 것이 얼마나 소중한가

열정이 없다면
바람에 휩쓸리는 낙엽과 같다

말의 묘미

사람은 항상 올바른 말만 하는 건 아니다
똑부러진 사람도 감정에 휘둘려
뭔 말을 하는지 앞뒤가 뒤엉킬 때가 있다

심술이 나서 억지소리를 하고
이치에 맞지 않는 말을 하다 보니
상황은 점점 악화된다

가끔은 나 아닌 또 다른 내가 튀어나와
엉뚱한 소리를 한다
멋대로 내뱉다 보면 비논리적이다
상대방의 감정을 상하게 하기도 한다

정작 하고 싶은 말은
내 속 깊은 곳에 자리잡고 있어서
밖으로 끌어 올릴 수가 없다

발화되는 순간, 내 가치는 땅에 떨어지고
또 다른 화근이 될 것이기에

겉도는 말만 하다 보면
그 또한 얼빠진 존재가 되고 만다

사랑은 곧 관심과 배려

의미를 두지 않았다면
기대도 하지 않았다
내가 소중하게 생각한 일에
무심하다면
서운해 하는 것은 당연하다

많은 사람이 축하해 줘도
단 한 사람의 마음이 오지 않았다면
아무 소용이 없다
관심이 없다는 건
사랑하지 않는 거다

이건 불행한 사건이다

초점이 맞아야

조금씩 스며들다가
언젠가부터
물색이 흐려지기 시작했습니다.

그 따뜻한 손길
차가운 내 손 잡아주던 감촉
이 추운 날에 더욱 그리워집니다

나를 흔들어 세울 때는
애틋함이 없었는데
그래서 주춤거렸습니다

세월이 지나고
되돌아보니
귀한 사람인 줄
이제야 깨달았습니다

머릿속은 복잡하다

집에서 먹고 놀면서
뭐가 바쁘냐고?
나는 노는 게 아니야
내 머릿속에는
항상 글들이 와글와글
꿈속에서도 중얼중얼
되뇌이고 곱씹어서
쓸만한 녀석을 골라내어
전쟁터에 내보내야 하거든

한 편의 글이 완성되고 나면
날아갈 듯 몸이 가볍고
횡재를 한 것처럼 뿌듯하다네

깊은 우물

우리는 아귀가 잘 맞는 친구였다
서로의 상처를 어루만지며
함께 울어주던 햇볕 같은 친구

그런 친구가 가버렸다
오랫 동안 병마에 시달렸지만
나에게는 갑자기 사라진 느낌이다

왜 쓸만한 사람은 일찍 가야 하는가

이대로 보내기에는 너무 아까운 사람
오랜 세월 허물없이 지내다가
한쪽이 떨어져 나가는 듯한 아픔

혈육도 아닌데
이토록 비통할 수가 있을까

똑똑하면 뭘해

이 세상은 야비하고 교활한 자들의 것
현실 파악이 빠르고
사회성이 좋아야 출세도 하는 법

천성이 착하지만
미련하고 눈치 없고
융통성 없는 사람

억울한 소리 듣고도
대꾸 한마디 못 하고
침묵으로 감싸는 사람

손해 보듯 살면
미워하는 사람이 없다는
선비 같은 사람

남을 배려하느라
자신의 존재는 뭉개져도

감내하며 사는 사람

세상은 그렇게
천진난만하지 않다
눈 깜짝할 사이에
약삭빠른 사람에게 짓밟히고 만다

진실은 어디에

진실하게 살아왔으므로
충분히 떳떳해야 한다
그러나 마음이 불편하다
뭘 잘못했는지도 모르겠다

누구와도 척을 지지 않는다는 신조로 살아왔다

누가 날 싫어한다는 것은
죽고 사는 만큼 큰 사건이다

꽃을 피우기 위해
십 년 공덕을 쌓았는데
그게 헛공사였다는 걸 알았을 때
여지껏 헛살았다는 자괴감이 든다

망초꽃

산비탈에 망초꽃 천지다
바닷바람 맞으며 실하게 자라고 있다
땅 주인이 돌보지 않아도
스스로 무성하게 자라는구나

몇 년만에 와 보니
몰라보게 거대한 집단을 이루었다
혼자서는 보잘것없는 것 같아도
함께 모여서 활짝 웃고 있으니
이 또한 볼 만하구나

함께 하면 아름다운 것들
서로서로 도우며 더불어 사는 세상
모두 다 박수받아 마땅하다

나를 찾아서

나에게 주어진 삶에 충실하게 살았다
그러나 뭔가 허전하다
맨날 허둥대다가, 내 속에 든
또 다른 나를 챙기지 못했다

주위 사람들에게 최선을 다했지만
제대로 대우받지 못했다
헌신하면 헌신짝 된다는 말이 있다
그것에 대해선
내 스스로를 위로하려고 애쓰고 있다

나는 아무것도 바라지 않았다
그저 다정다감한 몸짓으로
속삭이며 살고 싶었을 뿐이다.

자매가 좋아요

선명한 사진 한 장
지워지지 않고 뇌리에 박혀있다

내가 어렸을 때
동생을 잃었다
희미한 달빛 아래
동네 아저씨가 가마떼기에
둘둘 말아 지게에 지고 가는 모습
대문 뒤에 숨어서 보고 있었다
결코 지워지지 않는 영상
저절로 떠오를 때가 있다

동생의 이름을 입안에서 오물거리며
아깝다는 생각이 들었다
나이 먹으면 여자 자매가 필요하다
맘 놓고 아무 말이나 할 수 있는
아주 좋은 사이
언니도 없고, 딸도 없으니
내 마음 나눌 데가 없다

이명

귓속에 귀뚜라미가 살고 있어요
가을에만 우는 게 아니고
시도때도 없이 울어대네요

귀뚜라미를 날려 보내려고 했어요
병원 문턱이 닳도록 다녔어요
이 검사, 저 검사
치료해도 낫지 않아요

의사는 나을 수 있다고 장담했어요
쉽게 장담하는 사람은 믿지 마세요
날이 갈수록 궁색한 변명만 늘어 놓아요
기대가 컸던 만큼 지쳐가고 있어요

처음부터 그냥 데리고 살았으면 될 걸
고생 끝에 터득했어요
울거나 말거나 포기하고 신경 안 쓰니
견딜만 해요. 우는 게 아니라
노래하는 거라고 받아들이기로 했어요

너도 살고 나도 살고
그냥 그렇게 함께 살기로 했어요

4월

온통 연둣빛이에요
아기손 나뭇잎들이 몽글몽글 피어 올라요
나도 연두색으로 물들어가고 있어요

길 따라 벚꽃들이 흐드러지게 피었어요
연분홍 함박웃음들이 방긋방긋 퍼져 나가요
나도 이토록 활짝 피워본 적 있었나 싶어요

작년 봄에도 벚꽃이 있었나요
예술의 전당 옆길에서 본 적이 없어요
올봄에 갑자기 나타났어요

어찌 된 일인가요

작년 이맘 때
고통의 시간을 보내느라
안 보였나 봐요

딴생각을 하고 있으면

보아도
안 보일 때가 있지요

내게 지난 봄은 아예 없었어요

둥근 해가 피를 토하다

일몰을 보려거든
영광의 백수해안으로 가라
저녁노을이 끝없이 펼쳐져
온 하늘이 이글이글 불타고 있다

백수도로를 걸으며
눈 앞에 펼쳐진 웅장한 광경
하마터면
내 이걸 못 보고 죽을 뻔했네!

노을이 출렁거리며 파도치는 사이로
노오란 덩어리 떨어지고 있다
마지막 길 떠나기 전에
이토록 불태우다 죽고 싶다

절대로라는 말은 없다

절대로라는 말은 절대로 하지 마세요
사과 같은 건 절대로 안 하는 사람이라고
호언장담하며 이틀을 버티더니
절대다수가 용서 못 한다고 하니
그때서야 마지못해 사과하는
그것은 진정한 사과가 아니지요

큰 사람이 되려면
작은 잘못을 크게 사과할 줄 알아야 해요
별일 아니겠거니 오판하다 보면
더 큰 화를 입게 되지요

다시는 안 볼 것처럼
욕을 퍼붓고 떠나지 마세요
헤어질 때는 말 없이 조용히 물러나세요
언젠가 돌아올 날이 있을 테니까요

한 치 앞을 모르는 게 인간사 아닌가요

말 없는 싸움

남의 눈치 보느라
내 마음은 곪아 터지는 줄 몰랐다
관계를 망치고 싶지 않아서
참고 견디면서 살았다

도저히 이해할 수 없지만
이런 품종도 있구나, 치부하고
적당히 맞춰주면서, 대들지 않고
언젠가 좋게 헤어질 날만 기다렸다

버틴다는 것은 강인함이다
노예처럼 취급당하고
순종적으로, 분노, 모멸감, 부당함
집어삼키며 소화시켰다

버틴다는 것은 최후의 수단이다
왜 그러고 사냐고 흉보지만
그 괴롭힘을 이겨내는 힘은 더욱 강해졌다
순순히 나를 다스렸다

버텼기에
오늘의 내가 있다
누군가와 척을 진다는 것은
있을 수 없는 일

나는 보이지 않는 싸움에서
승리한 사람이다
다른 사람은 모르더라도
나는 내가 대견해 보인다

동그라미와 네모

나보다 나를 더 잘 아는
그런 친구가 있다
내가 음식을 못할 것이라
단정적으로 말을 한다

공부만 하지 살림을 못하리라 믿고
만날 적마다 반찬을 갖다 주며
자기 자랑을 늘어 놓는다

어떤 친구는
내가 투자를 못하리라 믿고
가만히 있는 게 돈 버는 거라고 제쳐놓는다

투자 얘기는 저들끼리만 하고
나보고 글이나 쓰라고
일침을 가한다

나는 주식과 부동산 투자로
평생을 보낸 사람이다

원래 내 자랑을 못하는 사람이라
남들이 오해하기 딱 좋은 성격이다

그렇다고 남을 내 잣대로 판단해선 안 된다

내 마음은 안개

요즈음 글 많이 쓰나요?
그렇다고, 아니라고 말하기가 어중띠다
머리와 마음으로 계속 쓰고 있지만
실제로 열매는 나오지 않고 있다

요즈음 성당에 잘 다니고 있지?
그렇다고 말하기도 그렇고
아니라고 말하기엔 더욱 난감하다

지구의 반대편에 사는 친구는
항상 내 걱정을 하며 산다
우리는 아주 각별한 친구였는데
물리적 거리 때문에, 서로 안타까워한다

아니라고 말하면
그녀가 얼마나 실망할까 싶어서
어영부영 얼버무린다
나는 원래 분명한 사람이었는데
뭔가에 주눅 들어 얼치기가 되었다

글을 아주 잘 쓰는 작가도 아니고
그렇다고 글줄을 놓을 수도 없다

나는 신을 믿는 것도 아니고
그렇다고 신을 놓치고 싶지도 않다
내 심정은 복잡하고
친구에게는 미안하다

좋은 시절

밭고랑에서
밀가루처럼 고운 흙을
만지작거리며 놀았다

뉘엿뉘엿 해가 지면
아버지 손 잡고
집으로 간다

시냇물이었다가
비가 오면 강물이었다가 하는
내를 건너야 한다

아버지는 그날의 농기구를
냇물에 씻으신다
호미의 흙을 정성스럽게 닦아낸다

내일이면 또 묻을 걸
왜 저리도 깨끗이 씻어야 하는지
의구심이 들었지만

아버지가 하는 일은 다 옳게 보여서
그래야 하는 줄만 알았다

사랑하는 사람이 하는 일은 다 좋게 보이는 법

모락모락 피어나다

안개는
호수에만 피어오르는 게 아니다
산에서 모락모락 피어난다
밤새 빗물을 너무 많이 마셔서
나무들은 토해내고 있다

푸른 나무들 속에서 피어나는 모습이
하얀 목화송이처럼 몽글몽글하다
손에 잡힐 듯 야릇하다

녹색 정원에서
뽀글뽀글
하늘고향으로 돌아가고 있다

제4부 꿈꾸며 사랑하며

풍설풍우를 겪으며 속이 찬다

콩나물

시루 속에서 오글오글 속삭이고 있어요
나도 같이 살고 싶어요

빽빽하게 서서 잠을 자더라도
스킨십이 좋아요

더 바랄 것도 없어요
그저 말이 잘 통하는
딱 한 사람 있으면 족해요

물만 먹고도 살 수 있어요

시와 함께 사는 인생

유명한 시인의 시집이
새로 나왔다기에
부리나케 뛰어가서
시집을 샀다

밥도 굶으면서
금광을 캐듯 열심히 읽었다
시집 속에 금은 없었다
가슴 저릴 만큼 울림도 없었다

지난번에 월척을 낚았다고 해서
오늘도 그러리라는 법은 없지만
그래도 그래도 너무 했다

시들어가는 꽃잎처럼 세상이 시시해 보였다

손해 본다는 느낌으로

포기하기까지가 문제지
포기하고 나면 편안하다
아등바등할 때가 괴롭지
뚝 잘라 버리고 나면
그저 홀가분하다

대등한 관계에서 밀당할 때
서로 많이 갖겠다고 우길 때
물질을 버리고 나면 마음은 안정된다

도저히 화해가 되지 않을 거라면
한쪽에서 양보해야 끝이 난다
힘센 자는 끝까지 잡고 있는다
마음이 약한 자가 끈을 놓아주면
겉으로는 해결된 것처럼 보인다
속으로는 상처가 남는다

그것이 포기이다
포기란 얼마나 편리한가

고통을 일순간에 날려버린다

인저리 타임(Injury Time)

장마철에 비가 오면
지키던 원두막을 버리고
빨리 집으로 가야 한다

비가 조금 온 것 같은데
윗마을에서 많이 내려
냇물이 붇기 시작하면
금방 황톳빛 강물이 된다

물가에서는 무릎까지 닿더니
좀더 건너다 보면
배꼽까지 차오른다

강폭은 넓어져서
한참을 온 것 같은데
아직 반도 못 왔고
가슴까지 차게 되니
몸이 비틀거리고, 다리가 후들후들
중심을 잃고, 물웅덩이 같은

푹 꺼진 데로 빨려들어간다

물결에 떠내려가다가, 허우적거리다가
순식간에 밀려 내려가다가
나무 밑둥만 남은 뿌리가 손에 잡히고
그걸 잡아야 한다는 일념으로
물 밖으로 얼굴을 내밀어 겨우 숨만 쉬고 있었다

마을 사람들은 둑에 서서
소리소리 지른다
건너편 밭에서 일하던
젊은 남자가 그 소리를 듣고 뛰어와
나를 건져서 어깨에 걸치고
뭍으로 나왔다

유년 시절에 죽을 뻔했는데
그 후 나의 삶은 덤이었다

어느 강연회에서

지적 수준이 높다 하여
연설을 잘하는 건 아니다
글을 잘 쓰는 작가도
대중 앞에서 말하는 걸 어려워한다

아는 게 많아도
전달하는 능력이 없으면 아무 소용없다
때와 장소에 따라
적절한 어휘와 제스쳐
감동어린 표현이 필요하다

조리있게 말할 줄 알아야
남의 마음을 얻을 수 있다
말은 듣는이의 수준에 맞게
잘 버무릴 줄 알아야 한다

많이 알고 많이 생각하며
적당한 언어를 구사할 줄 안다는 것은
자신만의 재산이다

말 잘 하는 것도 기술이다

애증

증오가 없는 걸 보니
사랑하지 않은 게 분명하구나
죽도록 사랑해야
죽이고 싶도록 증오하는 법인데
지금 나는 담담하다
섭섭할 것도 없다
후련하고 시원할 뿐이다

오래 사귀었다는 것은
아무 상관없다
사랑은
짧고도 강렬함이 좌우한다

발신 정보 없음

그는 봄이었고
나는 겨울이었다

나에게 다가오는 사람을
가시로 찌른 적 있다

엄청난 사건이나 되는 듯
애틋한 사랑을 놓쳐버렸다

아쉬워, 먼길을 달려갔다
닿지 못하고 애만 태웠다

잊은 듯 살다가
'발신 정보 없음'이 떴다
바리톤의 음성으로
내 이름을 불렀다

갑자기
심장이 튀어나올 듯 소용돌이쳤다

이 좋은 날에

모처럼 시골에 가니
바람도 맛있다
무더위에 지친 몸을 씻겨주는
상큼한 느낌
가을이 오고 있음을 알린다

내가 놀던 고향 뒷동산에
이름 모를 꽃들이 살포시 웃어준다
저마다의 모습을 뽐내며
살랑대는 바람에
서성이듯 춤을 춘다

햇살 한 조각, 풀벌레, 흙내음
예서 어울려 사는 것도 좋을 듯
시골에서 태어나 자랐으니
나머지는 고향땅에서 살다
잠드는 것도 좋지 않겠나

마음과 시대의 변화

할머니가 되어 찾아온 고향집
낯설기만 하다
이층 양옥집에 앉아
옛날 초가집을 생각한다

뒷문으로 들어오는 바람을 맞으며
엄마 무릎에 누워 잠들던
그때가 그립다

바람이 솔솔 들어오는데도
내가 잠들 때까지
부채질을 하시던 엄마
그런 엄마가 안 계시니
고향집도 못 올 데 온 것처럼
어색하다

세대차이

엘리베이터 안에서
어떤 할머니가
'너 몇 살이니?'
'이름이 뭐야?'

초등학생으로 보이는데
정말 궁금해서라기보다
예쁘고 귀여워서
말 건네보고 싶어서 물어본 건데

입을 꽉 다물고 말이 없던 아이는
왜 그런 걸 물어보세요
개인 정보 보호법에 걸리는 거 모르세요?

물어본 할머니보다
그 옆에 섰던 할아버지가 더 많이 놀래서
얼른 손으로 자기 입을 가렸다

기막힌 세상에

목숨 걸고 적응해야 할
어르신들의 숙제가 늘었다

내 몫을 다하기 위해

오래 병석에 계신 부모님 덕분에
효녀 소리 듣고 살았지만
그때는 그렇게 힘든 줄 몰랐다

시아버지 누워계실 때는
부모님 몫까지 두 곱 고생했다

일주일 동안 대변이 안 나온다고
짜증을 내면
글리세린과 주입기 갖다가
항문을 벌리고, 관장시켜 드린다

화장실 갈 새도 없이
일주일치 대변이 방바닥에 쏟아진다

급한 마음에
그걸 손으로 주어 담느라
정신이 없었다

베풀고 싶지만

나는 죽어서 빵으로 환생하고 싶다

맛있는 빵을 먹고 싶어도
쳐다만 보고 선뜻 살 수 없는
가난한 이들을 위해
샘솟는 빵이 되고 싶다

쪽방에 살면서
한 번도 배불리 먹어보지 못한
한스런 눈물의 빵이 되고 싶다

먹음직스런 빵을 가리키는
순진한 손가락을 내리쳤던
그 엄마를 위해
스스로 빵이 되어 위로하고 싶다

살아서 의인이 못 되어
제 몫을 못했으니
죽어서라도 복덩이가 되고 싶다

그립다는 건

침을 삼키다가
사레들렸다
침조차 꿀꺽 넘어가지 않고
목에 걸릴 지경이다

나이가 드니
작동이 원활하지 않다
마음에는 잘할 것 같아도
막상 시동을 걸면
뜻대로 되지 않는다

노을이 되고 보니
옛 추억이 그리워진다
고향 뒷동산에 정승의 묘 앞에 세워놓은
비석과 말상 두 마리
발돋음하고 뛰어가서 말타기 놀이
언덕비탈에서 미끄럼타기
또래들과 어울려 얼마나 재미있었는지

부쩍 옛날이 그리워지는 건
많이 외롭다는 뜻 아닌가

제일 무서운 건

엄마!
애절하게 불러 놓고는 말이 없다
전화 속 미세한 숨소리에도
가슴이 털컥 내려 앉는다

표정은 없지만
억양에 따라
상태를 알 수 있다

이 세상에서 가장 무서운 게 자식이다
나이를 먹었어도 항상 조마조마하다
천성이 학자타입인 글쟁이
사업을 한다는 것이 만만치 않다

많은 직원을 책임져야 한다는 중압감
리더로서의 결단해야 하는 일들
막무가내로 들이덤비는 무데뽀
약삭빠른 사기꾼

이들을 잘 요리하는 지혜가 필요하다고
말로만 일러줄 뿐
어떻게 도와줘야 할지 모르겠다
언제나 더듬이를 그쪽으로 뻗고 있을 뿐이다

뒤로 걸어가기

화려했던 시절이 있었지
잿빛 하늘도 말갛게 보였지
제 잘난 맛에 살았지

호기롭게 다가오는 손길이 있었지
그 손을 모르쇠 했지
산 너머 파랑새만 기다렸지

일에 미쳐서 세월 가는 줄 몰랐지
한물가고 나니
놓친 고기가 커 보였지

짝을 잘 만나야
인생이 즐겁다는 걸
뒤늦게 깨달았지

알량한 자존심 때문에
고고한 척 살다가
외로움만 남았지

요리조리 궁리하다가
한 생을 다 보냈지
커튼콜은 영영 없었지

옛말이 된 이웃사촌

담도 없이 네 집 내 집 오가며 살던 내가
고층 아파트로 이사왔다
시멘트 벽에 갇혀
그저 답답할 뿐이다
남의 나라에 온 것처럼
낯설고, 촌스럽고, 어리둥절하다

엘리베이터의 무거운 공기에 눌려
주눅들고 어색하기 이를 데 없다
마주보기 겸연쩍어
시선은 먼 데를 더듬는다

서로 말 섞는 일이 큰일이나 되는 듯
꼭 다문 벙어리들
행여 손이라도 닿을까봐
자기 손을 꼭 잡고
정적을 타고 오르내리는 이방인들

엘리베이터 문이 열리자마자

부채살처럼 퍼지며 뛰듯 도망간다

불안의 시대

세상이 험악하니
무기들이 돌아다닌다
언제 어디서 날 덮칠지 모른다

정신 나간 사람들이 너무 많다
멀쩡하게 생긴 사람도
언제 돌변할지 알 수 없다

밝은 대낮에
소리 없이 숨어있던 분노는
순식간에 활극을 벌인다

인간은 존엄한 존재인데
이렇게 값없이 죽어야 한다는 것이
한탄스럽다
생명은 존중되어야 한다.

인간은 평등하게 태어났지만
인생이 꼬여서 심사가 뒤틀려서

극단적인 나락으로 떨어졌다

세상을 원망하는
그 근원을 찾아
사회 적응력을 회복시켜 줘야 한다

넋 나간 사람들에게
밥을 주고
꽃을 주어
희망을 찾아 줘야 한다
꽁꽁 얼어붙은 마음을 녹여줘야 한다

이것이
이 사회를 함께 사는 이웃의 사명이다.

삶과 죽음

요양원에 있는 노모에게
막내아들이 죽었다는 말을
일 년이 지나도록 알리지 못했다
충격으로 돌아가시기라도 할까 봐

어느 날 용기를 내어
그 사실을 알려드렸다
노모는 뜻밖에도, 아무 요동이 없었다
'그래? 알았다'
세상 순리에 따라 받아들인다는 뜻

노인이 되면
기쁠 것도 슬플 것도 없다
무덤덤함에 익숙해져서
매사 그러려니 초연해진다

타산지석

은근히 인간 차별하는 사람이 있다
기분 나쁘지만 말은 하지 않는다
인복이 없어서라기보다
내가 덕이 부족하여
그런 대우를 받는 거라고 여긴다

받은 정이 흘러 넘치면
그 이상으로 퍼 주는 성미인데
똑똑한 사람 좋아하고
멍청한 사람 무시하지 않았는지
되돌아보게 된다

자기가 당해봐야 깨닫게 된다

고도(Godot)를 기다리며

스산한 저녁이 오면
군불이라도 지펴야 하지 않겠나

새까만 밤이 오기 전에
등불을 켜야겠다

손발이 시리면
마음까지 시려 와
군불이라도 지펴야 하지 않겠나

눈물 같은 비가 내리니
숨어 있던 설움이 솟아나려고 해
그러니 군불이라도 지펴야 하지 않겠나

따스한 아랫목에서 엄마품에 잠들고 싶다

낙엽을 밟으며

너는 떨어진 그 자리에서도
빛을 발하고 있구나
밟히고 짓이겨져도
제 몫을 다 하려고
애쓰는 모습이 갸륵하구나

바스락거리는 소리가 좋아서
자꾸 밟아 보지만
기쁘게 받아들이는
너의 넓은 아량이 경이롭다

푸르른 젊음이 덧없이 가고
늙은이가 되니
서럽기만 한데
너는 어찌하여
발밑에 깔려도
노래를 하느냐

선풍기

날개가 있어도 날지 못해요
망 안에 갇혀 있어요
날 위해 쉴 새 없이 파닥거려요

이건 일방적인 희생 아닌가요
세상은 원래 공평하지 못해요

거동이 불편한 노모를 돌보느라
끊임없이 날개짓을 하는 늙은 며느리

오롯이 남을 위해
스스로의 소임을 다 하느라
죽을힘을 다하는
그는 위대하다

전애희 시인의 작품세계

전애희는 모든 면에서 탁월하여 단연 눈에 띄는 수제자다. 글에서뿐만 아니라 사회를 보고 행사를 진두지휘하는 것에 이르기까지 그를 뛰어넘을 이는 흔하지 않다. 원래 팔방미인이란 탁월함과 독특함에서는 다소 밀린다는 인식이 강하지만 전애희 시인은 그러한 편견을 깨는 대표적인 인물이었다. 어쩌면 한 가정의 아내로서, 며느리로서, 어머니로서 머문다는 것은 덩치에 맞지 않는 터무니없이 작은 옷을 입고 있는 것은 아닐까 하는 생각도 들었다.

유머와 위트 속에 숨겨진 보석

이철호 소설가

 전애희 시인의 시는 퐁퐁 숨구멍이 열린 시어들 사이로 숨을 쉬는 듯한 살아있음의 환희를 느끼게 한다. 유머와 위트라는 재미에 더하여 숭숭한 바람을 맞으며 이국의 풍경 사이를 거닐게 되는 것이다.
 그러다가는, 멈칫 한 편의 시를 두고 오랜 시간 머물게 된다. 시인의 고뇌가 만들어 낸 철학적 심상을 마주하는 순간, 깊은 심연에 이르러, 쉬이 드러나지 않던 그러나 마음의 가장 깊은 곳에 있던 온전한 한 사람을 만나는 것이다.

 시작은 무엇이었을까. 태초는 어떻게 시작되었을까.
 이 땅에 존재하는 모든 것이 사랑의 현현이라고 말한다면 과한 것인가.
 어떤 이의 시처럼, '거리의 현수막에 펄럭거리는 사랑'으로 사랑이란 이름이 남발하는 세태를 꼬집었지만 그럼에도 여전히 사랑은 회자될 수밖에 없는 인간됨이란 주제를 세대와 시대를 초월하여 안고 있다.
 결국 인간의 성숙이란 사랑할 수 있는, 그리고 사랑하는 능력의 배양이다. 에리히 프롬의 '사랑의 기술'을 언급하지 않더라도 사랑은 단순한 감정이 아니라 '의지'로서 말이다.

나의 제자 전애희는 모든 면에서 탁월하여 단연 눈에 띄는 수제자다. 글에서뿐만 아니라 사회를 보고 행사를 진두지휘하는 것에 이르기까지 그를 뛰어넘을 이는 흔하지 않다. 원래 팔방미인이란 탁월함과 독특함에서는 다소 밀린다는 인식이 강하지만 전애희 시인은 그러한 편견을 깨는 대표적인 인물이었다. 어쩌면 한 가정의 아내로서, 며느리로서, 어머니로서 머문다는 것은 덩치에 맞지 않는 터무니없이 작은 옷을 입고 있는 것은 아닐까 하는 생각도 들었다.

그런 그가 한창 글을 써야 할 시기에 두문불출 손자들을 돌본다 하였을 때 다들 그의 글솜씨를 아까워하였다. 하지만 정작 본인은 아내로서, 어머니로서의 역할보다 더 큰 일은 없노라 선언하며, 자신의 시간과 물질과 에너지를 쏟아 헌신하였다.

그러하기 때문이었을까. 삶이 꽃피우고 있는 열매들은 자신의 선택이 옳았음을 다시 증언해 주고 있다. 후회 없는 삶이란 두려움 없이 목표를 향해 돌진하는 삶에서만 가능하다. 분명한 삶의 가치를 알고 집중할 수 있는 힘은 어디서 왔던 것일까.

이제 손자들도 자라 시인의 손을 빌리지 않아도 된다고 하니, 신이 계획한 시간표는 얼마나 넉넉하고 풍요로운 것인가.

어쨌든 그가 시집을 낸다니 반가움과 기쁨에 단숨에 읽어 내려갔다.
'완벽'이 그의 트렌드라는 마음이 컸을까. '치밀하고 완벽한'이란 무의식적인 생각이 무너졌을 때 오는 카타르시스 같은 것일까. 퐁퐁 숨구멍이 열린 시어들 사이를 오가며 불현듯 환희롭다.

먼저 살펴볼 시는 장난기 가득한 작품이다. 작은 사물에서 찾은 특성을 웃음으로 치환한 몇 편의 작품이 전체 작품에 활력을 주고 있다. 무거운 주제도 가라앉지 않도록 받쳐주는 지렛대처럼 말이다. 시인은 삶의 무게를 위트와 유머로, 숭숭한 바람의 길을 만들며 걸어왔는지도 모른다.
〈깨어있으라〉는 위트의 절정을 보여준다. 일반적으로 깬다는 것은 잠에서 깨어나는 것을 의미하고 거기서 더 나아가 잠든 정신을 깨운다는 의미로 나태와 안일에서, 무지에서 깨어나는 것을 의미한다. 하지만 통상적인 것에서 벗어나 허를 찔릴 때 사람들은 통쾌함을 느낀다. 잘 나온 사진에서 눈을 감고 있는 자신을 바라보며 속이 상한 경험은 시인뿐 아닐 것이다. 셔터를 누를 때 까딱 장님이 되지 않도록 '깨어 있으라' 한다. 사진이 잘못 나온 비참함이 자못 진지하다.

눈을 크게 뜨고 준비하고 있어야 해요

다들 눈을 뜨고 찍었는데
나만 눈을 감았어요
…

순간을 놓치면
장님이 되기도 해요

똑바로 직시하고 있어야 해요
언제 별똥별이 지나갈지 몰라요
-〈깨어 있으라〉

비슷한 유머를 보여주는 것이 〈콩나물〉이다. 시루에다 콩나물을 키워본 사람은 알 것이다. 물만 주면 촘촘히 맞닿아 몸을 비비며 발돋움하는 콩나물들은 얼마나 앙증맞은가. '당신과 함께'라면 물만 먹어도 좋다고 말한다. 화자의 마음을 콩나물의 속성에 빗대었다. 재미와 즐거움과 마음의 삼박자가 춤추고 있는 듯하다. 물만 먹어도 좋으니 부대끼며 살고 싶은 사람이 있다는 건 행복하다.

시루 속에서 오글오글 속삭이고 있어요
나도 같이 살고 싶어요

빽빽하게 서서 잠을 자더라도
스킨십이 좋아요

더 바랄 것도 없어요

그저 말이 잘 통하는
딱 한 사람 있으면 족해요

물만 먹고도 살 수 있어요
-〈콩나물〉

약간 결이 다르지만, 색다른 즐거움과 웃음을 유발하고 있는 시가 〈평상심이 필요해요〉이다.

심장이 광물질이었으면 좋겠어요
옆에서 언성만 높아져도
내 심장은 야들야들 떨려요

누군가 호의를 베풀면
고무풍선처럼 부풀어 올라요
압력솥에서 솟구치는 수증기 같아요

말 한마디에 솔깃했어요
번개 같은 불꽃이 일었어요
심장이 요동치고 있어요

자꾸만 안으로 스며들어요
고이고 고여서 산 만큼 커졌어요
야릇한 비밀 하나를 심었어요

뇌와 심장 사이에서 오락가락하다가
심장을 얼음물에 씻었어요

'노인에게
열일곱의 심장을 주면 어떡하나요'
- 〈평상심이 필요해요〉

 화자의 성정을 이토록 신랄하면서도 재미있게 그러면서도 폐부를 찌르는 듯한 사실성으로 묘사해 낼 수 있을까. '~어요'로 끝나는 어미들은 과격하고 무지막지해 보이는 내용을 부드럽게 중화하며 화자 특유의 목소리를 즐겁게 만들고 있다. 그러므로 어떤 이에게 참을 수 없는 고민, 비애, 불륜이 전애희 시인에게 이르러서는 별 대수롭지 않은 것이 되어버린다. 그렇다고 문제가 사라진 것은 아니다. 하지만 곧 화자에게 상황들을 다룰 줄 아는 자신감이 여유로움을 만들어 내고 있음을 눈치챌 수 있다. 그러한 것이 유머와 위트를 매개하는 촉매가 아닐까.

시를 읽고 있는데
먼지만 한 벌레가
글자를 밟고 지나간다

순식간에 손바닥으로 내리쳤다

벌레는 흔적조차 없이 사라졌다

그렇게 큰 힘을 가하지 않아도 되련만
너무 가혹했나 싶다

그도 시를 좋아하는 족속이었나?
-〈도반이었나〉

시가 될 수 없는 글이 어떻게 한 행으로 기사회생하여 시가 될 수 있는지를 보여주는 작품이다. 시 전체를 끌고가며 제목 〈도반이었나〉와 완벽한 조화를 이루어내는 마지막 행이 압권이다. 반짝이는 아이디어는 시인의 무궁무진한 상상력의 일각이리라.

단지 아등바등 살아가는 것에 골몰한다면 유머란 먼 나라의 이야기다. 주위의 사물들을 객관적으로 들여다보고 그 특성을 집어내어 웃음을 유발할 여유가 없기 때문이다. 대상의 객관성에서 도출되는 주관성으로 비약하기 위해선 당장의 생존과 지극한 자기애에서 벗어나야 한다. 유머와 위트란 잔잔한 물결에 물제비를 던져 일어나는 재미와 즐거움의 파동이다. 시인은 항상 물제비를 던질 채비가 되어 있는가 보다.

한편에서는 횡하니 불어오는 가을바람처럼 마음이 소슬

해지는 시도 있다. 때로 마음은 정처를 잃고 헤매기도 하는 것이다.

    산에 나뭇잎들의 손이 오그라들었다
    오글오글 서로 몸을 비비고
    어찌할 바를 모르는 처량함

    단풍들기 전에
    겨울바람이 불어와
    임무를 다하지 못하고
    몸을 웅크린 채 매달려 있다

    가야 할 고향은 아직 먼데
    하늘은 서슬 퍼런 낯빛으로
    눈구름을 몰고 온다

못다 핀 꽃처럼 나뭇잎이 단풍들기 전 갑작스런 추위에 말라가고 있다. '오글오글 서로 몸을 비비고'라는 행의 정겨움은 깊은 샘처럼 나머지 행과 연으로 흘러들어가 애틋함을 더욱 고조시킨다. 그리하여 '겨울바람이 불어와/ 임무를 다하지 못하고'나 '고향은 아직 먼데' '서슬퍼런 낯빛으로/ 눈구름'이 몰려오는 것이 단지 남의 문제가 아니다. 이미 애틋함으로 마음이 달아 그것은 내가 곧 우리가 직면해야만 하는 문제로 도치되었기 때문이다.

그렇다면 이 시의 제목은 무엇일까. '말라가는 나뭇잎'이거나 '때 이른 낙엽'은 어떨까.

전애희 시인에게서 제목은 특별한 위상을 갖는다. 제목은 시와 유기적인 관계를 형성하여 살아있는 하나의 유기체가 된다. 만약 제목을 빼고 생각한다면 〈도반이었나〉처럼 급격하게 흥미가 떨어질 수 있는 시도 있다. 하지만 시를 먼저 읽었더라면 〈나를 보는 듯〉이란 제목에 이르러서는 새로운 시야가 열리고 시는 말할 수 없이 신선해지는 것이다. 마음의 밀도는 한층 드높아진다.

하늘이 통째로 흘러간다
시커먼 구름 덩어리 안고
성난 바람에 밀려
폭포수 몰고 온다

하늘이 한바탕 울고 난 후
마알간 가을 하늘이 예쁘다
푸른 물감 뿌려 놓은 듯
하얀 솜뭉치 두둥실

검은 세월 이겨내면
유토피아 찾아오려나
가을 햇살에 곡식 익어가는 소리
내 글에서도 반짝이는 소리
들리길…

어찌 보면 평범하다. 먹구름이 한바탕 비를 쏟고 맑은 하늘, 오곡 익어가는 소리… 흔한 가을의 한 풍경이다. 하지만 이러한 풍경이 하나의 목적지를 향해 나아가는 도상이라면 이야기는 전혀 달라진다. 그 목적지란 다름 아닌 '희망'이다. 제목을 떼어놓은 시에서 '희망'을 유추해 내기란 쉽지 않다. 하지만 〈희망〉이란 제하에서는 평범했던 모든 것이 일순간 빛을 발하며 특별해진다. 사소하거나 무의미하게 보였던 것조차 '희망'을 향한 여정의 일부가 되기 때문이다.

이렇듯 제목은 상징성을 강화하며 시적 형상화를 위한 초석으로 기능하고 있다. 시의 제목이 심장과 같은 기능적 요소와 함께 방향성을 아울러 내재하도록 구성의 묘를 탁월하게 살려내고 있는 시가 바로 전애희 시의 특징 중 하나가 아닌가 한다.

오래 병석에 계신 부모님 덕분에
효녀 소리 듣고 살았지만
그때는 그렇게 힘든 줄 몰랐다

시아버지 누워계실 때는
부모님 몫까지 두 곱 고생했다

일주일 동안 대변이 안 나온다고

짜증을 내면
글리세린과 주입기 갖다가
항문을 벌리고, 관장시켜 드린다

화장실 갈 새도 없이
일주일치 대변이 방바닥에 쏟아진다

급한 마음에
그걸 손으로 주어 담느라
정신이 없었다

앞서 '더 큰 일은 없노라'던 말을 다르게 바꾼다면 '더 위대한 일은 없노라'이지 않을까. 그렇다. 사랑하는 일보다 더 큰 일은 없다. 사랑하는 일보다 더 위대한 일도 없다. 우리의 삶에 '사랑'이 빠진다면 어쩌면 존재 이유가 없는 줄도 모른다.
손으로 대변을 받아낼 만큼 시아버지가 사랑스러웠을까. 식구들을 향한 책임감이 그러한 일도 거뜬히 감당할 수 있었으리라. 하지만 우리는 안다. 이러한 사랑의 힘이 그저 주어지지 않는다는 것을.

아버지는
어딜 가든 날 데리고 가려고 하셨다

오일장에 송아지 팔러 갈 때도
날 데리고 가셨다
십리 길을 걸어서 간다
어린애가 힘든 줄도 몰랐다

참외밭에 갈 때도
아버지 지겟다리 잡고 따라 다녔다
우린 오며 가며 나누는 대화가
더없이 즐거웠다

뭐든지 가르쳐주려고
이야기를 재미있게 하시고
나는 귀를 쫑긋하고 잘 알아듣는다

나의 반듯한 기본은 그때 이뤄졌다
-〈밑거름〉

...

어둠이 내려 길이 잘 보이지 않는다
뒤에서 누가 따라오는 것만 같다
주먹을 꼭 쥐고, 이를 악물고, 앞만 보고
한 시간 정도를 도망치듯 뛰어서 집으로 오면
온 몸이 장작개비처럼 굳어 있다

큰길까지 나와 기다리던
엄마는 '아이구! 이 불쌍한 거' 하면서

와락 안아 주신다

마루턱에 숨을 부려놓자마자 나를 펼쳐놓고
팔, 다리를 주물러 주면서
속울음을 삼키신다
…
-〈아리고 쓰린 그림자〉

〈밑거름〉이나 〈아리고 쓰린 그림자〉를 통해 시인이 어떻게 사랑받았는지를 보여준다. 충분히 사랑받은 이는 의식적이든 무의식적이든 세상을 사랑의 대상으로 보게 될 것은 물론이다. 삶의 순리를 따라 살아가는, 자연스럽게 체득된 지혜는 혼란의 한 가운데를 뚫고 지나가게 할 것이고.

왜 때로 군중 속에서 우리는 섬으로 존재하는가. 사람들은 왜 성공하려고 할까. 더 많은 돈을 모으고 싶고 더 크고 훌륭한 무엇이 되고 싶은 이유는 무엇일까. 공허하기 때문이다. 하지만 바닷물을 마시는 것처럼 그러한 것은 더 큰 갈증을 불러올 뿐이다.

시 〈사랑받으면 꽃이 된다〉는 그 제목만으로 충분한 한 편의 시다. 존재하는 모든 것은 사랑받으면 '특별'해진다. 자신의 빛을 온전히 발하며 고귀해지는 것이다. 시인은 아버지와 어머니의 사랑으로 특별하고 고귀한 '꽃'이 되었다.

두 시 〈자존감〉과 〈구원〉 그리고 〈분노의 딜레마〉는 특별하고 고귀한 '꽃'으로 자전하는 시인의 자화상이다.

외롭다는 말은 절대로 하지 않아요
그런 말을 하는 순간
무릎이 꺾이고
이마가 땅에 떨어져요

존재하고 싶어요
보란 듯이
외로움 따위는 모르쇠 하지요

허한 사람에게 파고드는
찬바람 같은 거 아닌가요

솜뭉치로 속을 꽉 채우고
기미가 스며들지 못하게 해야 돼요

의지할 데 없는 자는 스스로를 키우지요
-〈자존감〉

바람이 흔드는 대로 흔들리다가 무엇인가 부대껴오면 그대로 주저앉아 버리는 수 없는 길에서 공허한 소리로 파고를 일으키지 않고 자신의 길을 가기 위해 '솜뭉치로 속을 꽉 채우고/ 기미가 스며들지 못하게' 자신을 다스리는 의연함은 하루아침에 이루어진 일이 아니다. 내공의 힘이란 오랜 수련 끝에서 얻어지는 법, 수많은 대화 속 아버지가 아니었다면, '숨을 부려놓자마자 나를 펼쳐 놓고 팔, 다리를 주물러'주던 어머니가 아니었다면 어찌 감히 스스로 자랐다고 말할 수 있으랴.

> 괜히 짜증이 날 때가 있다
> 산더미 같은 설거지를 하면서
> 흐르는 수돗물 속으로 눈물이 뚝뚝 떨어진다
> 안으로 파고들었던 화를 참느라
> …
> 억울하고, 서러워도 사랑이라는 이름으로
> '참아야 하느니라'
> 최면을 걸면서
> 지혜롭게 살려고 애써 왔는데
> 가끔은 알 수 없는 눈물이 봇물 터지듯
> …
> -〈분노의 딜레마〉

마음을 다해 사랑한다고 그것이 온전한 보답으로 돌아오는 것은 아니다. 하지만 끝까지 사랑하기 위해 참아야 하는 고통은 만만하지 않다. 억울함과 서러움도 견뎌야 할 뿐 아니라 육체적인 노동에 합하여 물질적인 헌신까지. 어쩌면 배신감으로 치를 떨어야 하는 때조차 오래 참음으로 '사랑' 해야 한다고 다시금 결단하기란 쉬운 일이 아니다. 비록 혈육이라도 말이다. 그래서 더러는 적당하게 선을 그으면서

이것이 현명한 처세라고 위로하기도 할 것이다. 하지만 화자는 분노를 분노로 표출하지 않은 채 사랑으로 공전한다. 더욱이 '진심을 몰라'준다고 사랑을 물릴 수도 없다. 기분 내키는 대로 사랑을 할 수는 더더욱 없다. 결국 사랑은 의지적 선택이며 그 선택에 대한 책임이다. 그리하여 '분노의 딜레마'는 곧 '사랑의 딜레마'인 것이다.

〈자존감〉에 이어 〈구원〉에서 시인이 어떠한 사람인지 더욱 선명한 색깔을 드러낸다.

> 얼마만인가
> 내가 헛된 꿈을 꾸고 있느라
> 방치된 채, 저 혼자 일어서려는
> 갸륵하고도 굳센 의지
> 웅크린 몸에서 뾰족뾰족
> 입술을 내민다
>
> 제 살을 녹여서
> 새 생명 창조하는
> 숭고한 순교정신
> 심오한 궁리 끝에
> …
> 네가 눈 뜨고 일어나
> 잠자는 날 일깨워준다
> —〈구원〉

사람과 동물은 어떻게 다른가. 동물도 '반려'의 대열에 합류한 지금 그 경계는 점차 희미해지는 것 같다. '반려'동물은 복종, 사랑으로 사람의 가장 핵심적인 역할을 대신 충족시켜 주고 있다. 그리하여 이 시대 그들은 가족으로 간주되고 있는 것이다. 아마도 그들은 자신이 사람이라고 착각하고 있지나 않을까.

인간이 인간인 이유 중 하나는 주관성을 벗어날 수 있다는 것에 있다. 제3자적 입장에서 '나'를 객관화할 수 있다는 의미이다. 그래서 감정과 생각도 다스려져야 하는 객체물이 된다. 이러한 객관화가 올바른 가치관 안에서 적절하게 작동될 때 삶을 윤택하게 누릴 수 있는 초석이 된다.

지금 화자에게는 무슨 일이 일어나고 있는가. 현재적 나를 뛰어넘은 내가 깨어나고 있는 모습이 섬세하고 생동감 있게 묘사되어 있다.

우리 사회에 만연한 '우울증'이나 각종 정신적 고통은 나를 깨워줄 내가 없기 때문이 아닐까. 현재를 넘어서는 안목을 잃어버렸기 때문이다. 내가 누구인지를 아는 올바른 정체성이 없다면 나를 구겨넣고 사는 삶에서 영원히 고통받을 것이다. 〈구원〉이 나를 잃어버린 이 시대를 향해 울리는 경종처럼 느껴지는 이유는 무엇일까.

이런 시인에게도 후회와 아쉬움은 있다. 그토록 자신을 아끼고 사랑했던 엄마를 생각하면 밀려드는 통한 같은 것인지도 모른다.

　　잘난 년 휘어먹기가 힘들다
　　　　　　　-엄마의 푸념

　　그렇다
　　엄마와의 다툼에서 진 적이 없다
　　기어코 내 뜻대로 해내고 만다
　　엄마는 몰라도 한참 모른다고
　　내가 언제나 옳다고 여겼다
　　…
　　이제야 깨닫는다
　　-〈이제야 보인다〉

　많은 세월이 지나서야 보게 되는 사실들이 있다. 그때는 그때의 이론과 논리가 있었다. 아무리 못 배웠어도, 어찌 자식보다 지혜가 모자랐을까. 오직 애틋한 마음으로 자식의 어리석음까지도 품어주었던 어머니…. 누구나가 경험하게 되는 진솔한 이야기다.

　반면, 시인이 매 순간 죽을 듯 열심히 살아왔던 동력의 하나는 '죽음'을 가슴에 새겼던 탓이기도 하였으리라. 〈메멘트 모리〉는 제목만큼이나 강렬하다. 마치 폭풍이 몰아치는 듯한 속도감으로 화자의 한 생을 보여주고 있다. 또 그렇게 남은 생을 폭풍처럼 살아가리라.

　…
　내가 원하는 걸 이루었는가
　원한다고 다 내 것일 수 없지만
　막혔던 길을 뚫은 적은 있다
　내 생의 최고의 업적이다
　많은 사람들이 그 길에서 환호했지만
　정작 나는 탈진하여 쓰러졌다

　몸이 부서지니
　강철 같았던 정신력도 늘어진 고무줄이 되었다
　소생할 기미가 없는 난
　언제 죽어도 좋을 듯, 준비했었다

　기억하라, 죽음을
　살아간다는 것은 죽어간다는 뜻
　죽음을 가슴에 새기는 것은
　남은 생을 제대로 살기 위함이다
　-〈메멘트 모리〉

어느 시가 그렇지 않을까 싶지만 특별히 전애희 시에서는 전방위적으로 시인을 읽게 한다. 다양한 각도의 면면은 처음에는 그저 한 곳을 비춘다. 그러나 그림들이 조합될 때 시인의 세계는 입체감을 가지며 완벽한 하나의 차원을 창

조해 내는 것이다.

 이런 시인의 시를 맛있다고 꿀떡꿀떡 삼켜서는 안 된다. 숭숭한 바람으로 신나게 달려가다가 갑자기 멈춰서서 길을 잃고는 찬찬히 다시 처음으로 돌아가지 않으려면 말이다. 읽으면 읽을수록 5가지 맛을 가진 오미자처럼 그의 시에서 다양한 맛과 깊이가 있기 때문이다.
 차를 마시기 전에 향을 맡고, 입안에 넣고 궁굴리며 맛을 음미한 뒤 목으로 삼킬 때 다시 한번 차의 진미를 느끼듯이 시인의 시 또한 그러하여야 한다. 위트 있고 쉬운 듯한 포장지 속 다이아몬드를 발견하려면.

이제야 보인다

1판 1쇄 발행	2024년 9월 25일
지은이	전애희
발행인	강신옥
펴낸곳	한국문인출판부
	등록	2021. 7 제2021-000235
	02643 서울시 마포구 월드컵북로 235, 19-704
	☎ 010-9585-7785
	gtree313@gmail.com
	Printed in Korea ⓒ 2024 전애희

값 15,000원

※ 잘못된 책은 바꿔드립니다.
※ 저자와 협의하여 인지 생략합니다.

ISBN 979-11-987514-2-3